AF308695

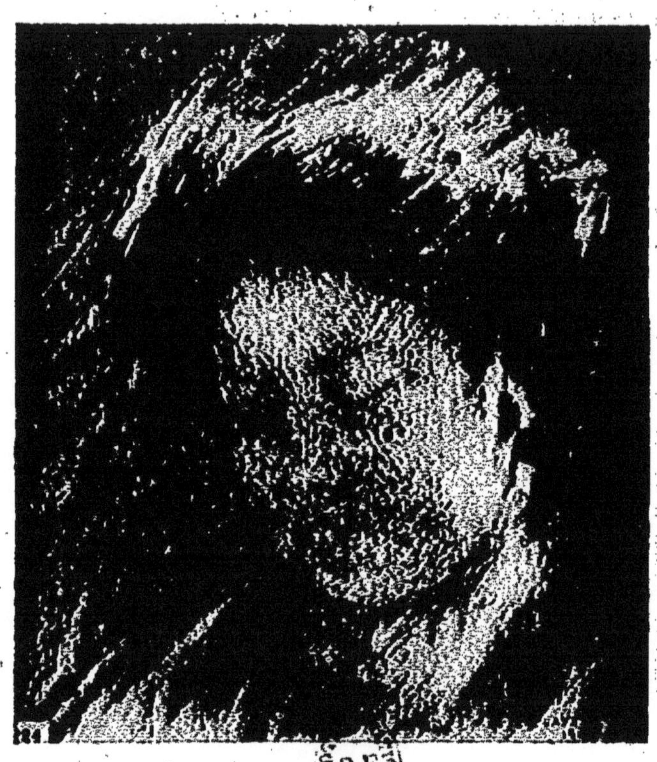

MARIA CRUZ

D'après un dessin de Mlle TÉROUANNE
Fait à Paris en 1912.

MARIA CRUZ

LETTRES DE L'INDE

1912-1914

Non omnis moriar.

ÉVREUX

IMPRIMERIE CH. HÉRISSEY

4, RUE DE LA BANQUE

1916

MARIA CRUZ

Les lettres dont sont extraits les fragments réunis ici m'ont été adressées par Maria Cruz pendant son séjour aux Indes, de 1912 à 1914. Ce sont des lettres familières, écrites au courant de la plume, et sans prétention littéraire. La spontanéité, et jusqu'au laisser-aller du style, permettraient difficilement de croire que le français n'était pas la langue maternelle de leur auteur. Et pourtant Maria, lorsqu'elle l'employait, avait conscience de ne pas jouir de tous ses moyens d'expression. Elle était guatemalienne. Son père — lettré distingué — avait représenté le Guatemala à Paris, comme Ministre plénipotentiaire, durant de longues

années, jusqu'à sa mort, survenue en 1902.
Et, bien que ses filles eussent reçu la plus
complète éducation française, l'espagnol
était resté leur véritable langue. C'est en
espagnol que Maria a publié les poésies qui
l'ont fait connaître et apprécier du monde
littéraire hispano-américain.

Elle nous avait promis d'écrire à son
retour, et dans notre langue, les souvenirs
et les impressions de son grand et beau
voyage. Elle rapportait une masse de notes.
Mais le climat de l'Inde avait été trop dur
pour elle, et le livre espéré ne fut jamais
écrit.

Ces quelques pages sont uniquement des-
tinées à ses amis. Elle en avait beaucoup. Ils
y retrouveront, avec une joie triste, le reflet
de son âme lumineuse et l'écho de son charmant esprit. Nul n'a traversé la vie d'une
allure plus discrète et d'un pas plus silencieux. Une timidité inexplicable chez une
jeune fille de son milieu, qui, dès son en-

fance, avait été mêlée au monde, paralysa longtemps en elle l'expression de ses sentiments et de ses pensées. On la jugeait froide et indifférente, parce qu'elle vivait repliée sur elle-même. Elle n'avait pas alors découvert la voie qui devait la conduire hors de sa forteresse intérieure et la faire entrer en communion avec le reste du monde.

Nous qui l'avons chèrement aimée, et qui vivions près d'elle en ces dernières années, nous l'avons vue se transfigurer à mesure qu'elle se sentait mieux comprise, et que peu à peu s'épanouissait tout ce que son âme et son cœur avaient d'exquis et de rare. Nous savons aussi quelle bienfaisante influence elle exerçait sur son entourage. Elle ne s'en rendait même pas compte, car, si elle était parvenue à triompher de sa timidité, elle restait extrêmement modeste.

Maria Cruz était très instruite et pleine d'esprit. Elle avait une façon piquante et originale de s'exprimer, et le don de saisir

au vol le côté divertissant des choses et des
êtres. Pendant sa première jeunesse, elle
cédait volontiers, dans ses causeries et dans
ses vers, à ses dispositions satiriques. Mais,
depuis plusieurs années, elle s'était appli-
quée à réagir contre ce penchant, et, sans
que rien lui échappât des ridicules ou des
fautes d'autrui, elle se hâtait de les déclarer
insignifiants, et de leur trouver des excuses.
Elle me disait souvent : « C'est un vrai
malheur que d'avoir l'esprit tourné de telle
sorte qu'il aperçoit d'abord le côté comique
ou critiquable de tout ». Et elle avait pris
l'habitude de chercher systématiquement le
« bon » caché en chacun, et parfois si bien
caché qu'il fallait les yeux de Maria pour
le découvrir.

Un caractère si aimable, joint à son esprit
et à son savoir, donnait à sa société le plus
vif attrait. Mais l'agrément qu'elle répan-
dait autour d'elle, et qui lui aurait valu
tous les succès mondains, était encore peu

de chose auprès du charme mystérieux qui émanait d'elle. Sa douceur, sa sérénité, son jugement sûr et pondéré, et surtout sa grande droiture, lui avaient conquis, sans qu'elle y tendît et sans qu'elle y songeât, une situation tout à fait à part dans notre milieu. Maria était la confidente de tous les secrets et de toutes les peines. On allait lui demander des conseils ou seulement de la sympathie. Elle avait toujours une compréhension si pénétrante! Même les chagrins dont elle pouvait désapprouver la cause trouvaient en elle une indulgence inépuisable. Elle possédait le don très rare de faire du bien aux âmes, et d'y éveiller ce qu'elles avaient de meilleur.

Pendant les dernières années de sa vie, je ne crois pas que Maria soit passée à côté d'une souffrance sans essayer de l'alléger. Il lui en coûta souvent des sacrifices dont on ne se douta jamais, car elle connaissait l'art d'envelopper sa charité d'une délicieuse discrétion.

Nous l'avons vue partir pour les Indes avec une si grande tristesse que je crois aujourd'hui aux intuitions du cœur. Elle s'en allait, du reste, presque à regret, mais poussée, disait-elle, par une force impérieuse. Elle n'était point faite pour de si longues fatigues, et elle le pressentait. Pourtant elle partit, contre tout raisonnement, contre toute prière. Lorsqu'elle fut là-bas, elle se sentit si heureuse que nous n'osions plus regretter ce bonheur, alors même que chaque jour rendait plus profond le vide laissé par son absence.

Maria rentra en France quelques semaines avant que la guerre éclatât. Durant les mois qui précédèrent sa mort, son grand chagrin fut de se sentir trop affaiblie pour se rendre aussi utile qu'elle l'eût souhaité. Mais tout ce qu'elle put faire pour alléger quelques-unes des souffrances de ces temps durs, elle le fit. Elle n'avait pas de « filleuls »; mais des soldats pauvres, qui ne sauront jamais son nom, reçurent d'elle de nombreux secours. Elle contribuait à soutenir un ouvroir qui aidait à vivre des femmes sans travail; et, lorsqu'elle prévit sa fin, ses dernières bienfaisances et ses dernières pensées allèrent à ces misères et à celles de nos régions envahies.

Quelques mois avant le départ de Maria, un peintre de grand talent, Mlle Térouanne, avait dessiné d'elle deux portraits, les seuls vraiment ressemblants qui restent de notre amie. Dans l'un, elle a les yeux ouverts, et Mlle Térouanne a saisi et fidèlement rendu sa physionomie spirituelle et malicieuse. Nous revoyons Maria gaie, amusée, amusante. Le dessin est si vivant que dans ce noir et blanc notre souvenir retrouve l'étincelle dorée qui pétillait au fond de ces yeux vert de mer. Mais dans le portrait aux yeux baissés, qui est reproduit ici, l'artiste a vu au delà de la forme. Autant qu'avec des lignes et des ombres on peut représenter une âme,

Mlle Térouanne a rendu dans sa plénitude, sa douceur et sa sérénité, la beauté de son modèle. Et nous lui en gardons une profonde reconnaissance, nous tous qui avons aimé et admiré Maria Cruz.

M. H.

LETTRES DE L'INDE

I

Bombay, novembre 1912.

Chère amie, on m'a dit qu'un courrier partait demain, et je ne veux pas le laisser partir sans vous envoyer quelques lignes d'une main fourbue de fatigue et fondue de chaleur. Nous avons débarqué aujourd'hui, de 2 à 4 heures, par un soleil qui m'a rendue à moitié folle, dans une fournaise ardente, au milieu de malles et de colis, et de voix hurlant un infernal charabia. Après avoir usé mes pieds à courir derrière mes bagages, plus morte que vive je me suis rendue à l'hôtel, et tout le long de la route ça n'a été qu'un cauchemar de figures grimaçantes que mes yeux éblouis ne pouvaient plus contempler. Enfin, comme tout arrive, j'ai fini aussi par arriver à l'hôtel, où j'ai rejoint avec joie Mme Blech, débarquée du matin. Elle était déjà munie de son boy, un jeune Hindou barbu dont je ne parviens pas à retenir le nom. Un « frère » noir est venu nous chercher, et nous sommes sorties en voiture vers 6 heures. Mais en fait d'impressions, je n'ai retenu que l'éblouissement des mille et une nuits : des villas, ou plutôt des palais étincelants, parmi des palmiers, des grouillements de turbans, un coucher de soleil auprès duquel le feu semble pâle, et où se détachent, le long de la mer, des silhouettes de cocotiers, et une série de clubs : celui des Européens, celui des Japonais, celui des dames parsies, etc., etc. Ma pauvre tête éclate, et mon corps est rompu depuis ce matin où, avec le terrible soleil dans ma cabine, j'ai fait mes malles à 7 heures.

Notre « frère », qui nous escorte comme notre ombre, nous a fait traverser le quartier indigène, et nous a conduites voir les *Tours du Silence* qui sont, comme vous le savez, le cimetière des Parsis de Bombay. Notre frère et guide est un Parsi, de sorte que, malgré l'heure tardive, on nous laisse franchir le seuil..... du jardin. Nous avons déjà gravi en voiture une colline tropicalement verte, et maintenant, à pied, nous montons sous des berceaux de feuillage jusqu'à un magnifique jardin ombragé de palmiers, planté de myrtes, et dont la terre rouge, ainsi que la végétation si variée, me rappellent l'Alhambra et le Généraliffe. Une fontaine jaillit au centre ; des bancs hospitaliers nous tendent leurs bras. Rien ne trahit un séjour de mort ; rien que la muraille blanche qu'on aperçoit à travers des rideaux fleuris, et sur la crête de laquelle se presse, en deux rangs serrés, une foule de vautours et de corbeaux.

Les Parsis vénérant trop le feu pour le souiller au contact d'un cadavre, et n'en voulant pas souiller non plus la terre, n'ont rien imaginé de mieux que de le jeter en pâture

aux bêtes. Un Parsi archimillionnaire a
donné de son superflu pour bâtir ces cinq
tours où les choses se passent loin des regards
humains, car seuls les employés y pénètrent
en vie. On montre dans le jardin un moulage
d'une de ces tours. C'est une rotonde. A l'intérieur une espèce de grille, circulairement
divisée en trois, reçoit dans le premier compartiment les hommes ; dans le second les
femmes ; dans le plus petit les enfants. Ces
divisions sont coupées par des canaux qui
rayonnent. Au centre, un immense trou. Le
cadavre, enlevé aux mains des porteurs, et
après les dernières cérémonies, est déposé
nu, dans le compartiment correspondant à son
âge et à son sexe. Deux ou trois cents vautours fondent dessus, et, en deux heures, ont
achevé leur besogne. Le soleil se charge
ensuite de dessécher les os. L'eau monte
par des canaux, nettoie ce qui reste, et en-
traîne les ossements au fond du trou. Puis
l'eau ayant rempli son office, ressort par

quatre conduits où l'attendent un dépôt de charbon, et un autre de chaux; elle filtre au travers, et revient, purifiée, désaltérer les vivants.

II

Bénarès, décembre 1912.

Je vous écris de Bénarès où je viens de débarquer sous l'aile de Mme Blech, à l'heure où le soleil couchant se reflétait dans le Gange.

A la gare, deux étudiants hindous nous attendaient. L'un s'occupa de nos malles, et l'autre emmena nos personnes en voiture jusqu'au quartier général où Mme Blech devait loger chez Mme Besant, et moi dans le quartier européen. Imaginez-vous une finca d'Amérique : les maisons basses, couvertes de feuilles, le bétail, circulant aux alentours; les Indiens, à demi ou aux trois quarts nus, autour d'un feu sur le seuil de leurs portes; les gens allant et venant avec des lanternes, et la silhouette des cocotiers se découpant sur le ciel rouge. Ma chère amie, je me croyais dans mon pays.

Sur le seuil de la petite maison de Mme Besant, Miss Arundale, la tante du directeur du Collège, nous reçoit, avec cette fraternité qui nous manque tant chez les étrangers; et elle se met en dix-huit pour nous fournir tout ce qu'il est possible. Mes voisines, deux Anglaises, m'accueillent aussi avec sympathie, m'offrant l'une un châle, l'autre une bougie; et, à peine débarbouillée, je vais dîner avec Mme Blech, chez Miss Arundale, précédée d'une autre sœur qui vient me chercher pour me montrer la route et me prêter sa lanterne.

Hier, à l'heure antipathique de midi, escortées par les yeux noirs et les dents blanches de Krishna Lal, notre étudiant de la gare, nous allons faire la connaissance du Gange. Tout nage dans une poussière d'or tellement éblouissante, qu'en plus de votre voile gris, je suis forcée de mettre un lorgnon fumé qui me change toutes les couleurs, et rend ternes et mornes les coupoles et les murs vermeils. Mais il faut choisir entre un panorama raté et une ophtalmie. Dans deux endroits, on brûle des cadavres. A travers la fumée du bûcher on distingue un homme armé d'un long bâton, qui semble attiser le feu ou briser les os récalcitrants. On entend le crépitement et le grésillement des chairs : c'est horrible. J'aperçois un bout de genou près d'un squelette calciné, et je me détourne pour toujours. A côté on se baigne, on cause, on fume, on muse, on médite, on dort, on mange. Sur quelques coupoles et toits de très vieux temples écroulés, et qui semblent des îles, on jette des fleurs au fleuve, et on prie avant de se baigner. Tout Bénarès a l'air de vivre au bord de l'eau ou dedans; mais pour moi, rien n'existe à midi.

Nous avons dîné chez Miss Arundale, avec elle et son neveu que vous avez vu à Paris.

Il a expédié son dîner en deux minutes, puis il est parti pour sa réunion du soir, à laquelle il nous a permis d'assister. Vers 7 heures et demie, Miss Arundale, Mᵐᵉ Blech et moi nous étions dans la salle. M. Georges Arundale y était déjà, enveloppé dans un châle jaune et blotti entre les coussins d'un grand fauteuil. Il accueillait, en plaisantant, un chœur d'étudiants qui, drapés aussi pour la plupart dans des châles jaunes, glissaient pieds nus et silencieux comme des ombres, et s'asseyaient par terre, en cercle, aux pieds d'Arundale. Ils questionnaient et Arundale leur répondait le plus simplement du monde, car la beauté de cette scène c'était sa simplicité même. Peu de choses m'ont émue comme la vue de cet homme jeune, entouré d'étudiants qui semblent l'adorer, et qui tous les soirs viennent s'asseoir à ses pieds pour l'entendre parler de la vie spirituelle. Pour moi, ce tableau vaut le voyage et toutes les solennelles conférences de la terre.

Hier matin Krishna Lal nous a fait assister à l'ouverture de la journée au Collège qui se trouve de l'autre côté de la rue. Ce collège, commencé dans le palais du Maharajah de Bénarès, avec une poignée d'élèves, occupe maintenant d'immenses bâtiments où un millier de garçons hindous sont élevés dans leur foi. Presque aucun des professeurs ne reçoit d'honoraires. On respire partout le bien-être que répandent ceux qui servent par amour. Avant de se rendre en classe, les élèves se réunissent pour chanter ensemble un hymne religieux avec le plus profond recueillement.

Miss Arundale a voulu avoir une école pour les filles. Elle a commencé avec deux ou trois petites à qui elle donnait des leçons chez elle. Puis, le nombre des élèves augmentant, elle a fini par bâtir l'école que nous avons visitée aujourd'hui, et qui marche admirablement : il y a environ deux cents élèves. L'école en vaut une autre ; mais ce que je ne me lasse pas d'admirer, c'est le dévouement et l'activité de tous ces gens qui ne prennent même plus le temps de manger ni de dormir. Je ne regrette pas d'être venue, malgré les moments pénibles que j'ai passés devant la perspective de ce voyage; car il a éclairci pour moi bien des choses obscures.

On attend Mme Besant demain. J'ai déjà vu, pendues à une corde de son corridor et se chauffant au soleil, style Guatemala, deux des robes qu'elle portait à Paris. Il est possible que nous repartions avec elle pour Madras et c'est moi qui lui ferai son thé ou sa popotte dans le train. Chimène, qui l'eût dit? Rodrigue, qui l'eût cru? Sûrement pas moi!

III

Bénarès.

La célébration du quatorzième anniversaire
du Collège hindou a commencé la veille par
des matchs de jeux anglais qui ne m'ont inté-
ressée qu'au point de vue couleur. Mme Besant, arrivée depuis le 6, y assistait, entre
Mme Blech et Miss Arundale. La distribution
des prix a été présidée par S. A. le Maha-
rájah de Bénarès, assis sur l'estrade entre
Mme Besant et son fils, (à lui) qui lui ressemble
comme un frère, et lui sert de porte-parole
pour le discours qu'il adresse aux élèves. La
scène se passait sur le toit de l'ancien palais
que ce Rajah a donné pour fonder l'école. De
loin, on aperçoit, sur le ciel bleu, un haut palmier solitaire, plus près de nous, les murs

rouges, et, par une porte ouverte, une suite de chaumières qui ressemblent aux « ranchos » d'un village guatemalien. Plus près de nous encore, au milieu de la cour, le temple blanc de Savarsasti, déesse de la Sagesse, correspondant à Minerve. D'un côté du Rajah, on a construit, avec des persiennes vertes, une sorte de loge où se tiennent les dames « Purdah », qui ne doivent pas être vues. Les émancipées qui nous fréquentent sont disséminées dans l'auditoire. Elles n'ont pas de voile et sont timides comme des gazelles, et regardent du coin de l'œil, effarées de leur audace. Ce sont les femmes ou les filles de quelques professeurs, parfois gradués de Cambridge, et qui elles-mêmes, les premières de la province, préparent leur brevet à l'école que Miss Arundale a fondée pour les filles hindoues. Le costume des étudiants est tantôt mi-hindou mi-européen, tantôt provincial. Ils portent le bonnet ou le turban, ou même ils ne sont enveloppés, de la tête aux pieds, que d'une ample draperie. Au milieu, les cadets de l'école, en costume de gala blanc, coiffés d'un gros turban blanc rayé mauve, piqué d'une aigrette mauve et argentée. M. Arundale a grande allure dans ce même costume, avec le manteau noir d'universitaire par-dessus.

Le Maharajah, ou plutôt son fils, ouvrit le feu. Puis G. Arundale continua. Voici, en cinq sec le sens de son discours : Cette école est la première où l'on enseigne l'*esprit* de la religion qui unit les hommes et les rend tolérants les uns envers les autres, et non la *lettre* qui sépare et provoque les luttes. L'hindou entré au collège plein de haine pour la race des conquérants, en sort aimant son frère anglais. Ce collège a donc fait plus qu'une armée pour l'affermissement de l'empire.

Mme Besant prend alors la parole. Autre résumé en cinq sec : Remerciements au Maharajah dont la munificence a permis de réaliser cette grande œuvre. Souvenir ému du temps lointain où, ayant cette idée dans la pensée, mais sans une roupie ni une pierre pour lui donner une forme, découragée d'ailleurs par tous ceux qui craignaient que l'établissement d'un collège religieux envenimât encore les haines, elle traversa un soir le Gange et s'en alla trouver le Magnifique Rajah. Il ne se montra pas hostile à son projet, et lui promit son aide. Après des difficultés inouïes, surmontées à grand'peine, elle parvint à ouvrir une petite école. Puis le Rajah donna un palais mauresque, et peu à peu, on construisit les beaux édifices que nous admirons aujourd'hui, et où un millier d'étudiants « vivent » la fraternité et la dévotion. Au cours de la dernière année, on n'a pas eu à punir une seule faute : un amour fraternel est l'unique discipline ; et, devant un tel résultat, le Rajah de Mysore et le Rajah de Kashmir, ont aussi voulu posséder un Central hindou collège, sur le modèle et d'après les principes de celui-ci. Puis de nouveau remerciements au Maharajah qui, ayant reçu les compliments et ayant autre chose à faire, se retire avec son fils, tous deux richement vêtus de rouge, entre la haie blanche des cadets.

Ensuite il y a des récitations en sanscrit, en bengali, en hindou (pour nous du grec) et un thé pour finir.

*
*　*

Le 9, nous sommes allées le matin à Sarmath, où le Bouddha prêcha pour la première fois. Il ne reste qu'un musée de débris pour archéologues, les ruines presque rasées d'un grand monastère, et ces petits monuments en forme de cloche, appelés « stupas ». Le soir, à 5 heures, d'un blanc sari vêtue, et pieds nus, debout sur une petite estrade carrée où l'orateur peut aussi s'asseoir à l'hindoue, Mme Besant parle aux théosophes des sept chemins que peuvent prendre les esprits libérés.

Elle part le soir à onze heures. Plusieurs personnes la conduisent jusqu'au changement de Mogal Saraï; elles rentrent vers une ou deux heures, et à cinq, sont déjà debout, à leur travail. Nous partons le lendemain pour Bouddha Gaya. Nous ne sommes pas encore descendues que déjà les frères, à qui Mme Besant nous a recommandées (quand je dis « nous » vous comprenez qu'il s'agit de Mme Blech), sont déjà, une lanterne à la main, en train de faire prendre nos bagages. Dans une horrible, étroite petite voiture, toute fermée, sans ressorts ni encore moins de caoutchoucs, nous trépidons à travers des ruelles noires, éclairées par des lampes fumeuses, ou les lanternes des passants, jusqu'à la *maison de repos*. Les frères nous y installent, car il n'y a pas d'hôtel. Nous faisons notre popote. Et le lendemain, dans le même torturant véhicule, nous allons à Bouddha Gaya, à la recherche de l'arbre à l'ombre duquel Gautama a été « illuminé ». La route, heureusement, n'a plus l'aridité poussiéreuse d'Agra ou de Delhi : des bois de palmes, de manguiers, de tamariniers, et un horizon ondulé surprennent agréablement notre vue. On laboure les terres, on arrose, on voit enfin l'espoir d'une récolte au lieu du spectre de la famine. Le temple était enfoncé dans la terre : on est en train de faire des excavations tout autour et de ranger des trouvailles qui, pour le profane, ne sont que des morceaux de pierres gravées. Je ne sais rien encore de ce qu'en tirent les érudits, mais je pense que la bibliothèque d'ici me renseignera. L'arbre s'appelle « Rippala » je vous en envoie une feuille. Les Bouddhas, à l'intérieur du temple, sont gigantesques, dorés, peints et couverts de guenilles éclatantes, style espagnol ou italien. De plus, on arrose le sanctuaire avec du beurre clarifié, aussi nous nous hâtons de prendre la fuite, la vue et l'odorat également offensés. Dès notre arrivée nous sommes assaillies par une bande de guides et de mendiants qui ne nous laissent pas un moment de trêve, et c'est avec peine que nous parvenons à franchir leur cercle pour gagner notre équipage à travers leurs noirs bras tendus.

Les théosophes de Gaya, soixante-six, à peu près, sont tous pauvres. Il y en a qui vivent avec sept roupies (12 francs) par mois. Cependant ils sont en train de construire un très beau bâtiment où il y aura même deux ou trois chambres pour les frères de passage.

De Gaya à Calcutta nous avons une nuit de chemin de fer. Le paysage devient de plus en plus accidenté, vert et tropical. Calcutta est une superbe ville aux rues larges, aux beaux édifices et beaux magasins ; elle a, de plus, le généreux Gange au lieu de la maigre Jumana qui chaque jour se rétrécit à Delhi. Je ne sais pas pourquoi on n'y laisse pas la capitale.

IV

Adyar, décembre 1913.

. A Madras, Mme Besant, avec son auto, attendait Mme Blech. On m'installe entre elles d'eux, et c'est ainsi que je franchis le portail apporté par H. P. B., jusqu'au *Guests house* en face du Quartier général, où nous sommes logées, seules pour le moment, mais qui hébergera plusieurs autres personnes pendant la Convention. La maison n'a qu'un étage, toujours genre finca guatemalienne. La chambre de Mme Blech est octogone et vitrée : une vraie lanterne. La mienne, contiguë, est plus discrète. Nous mangeons dans un coin de la petite cour ; mais, ma chère, quelle patience il faut ! Mme Blech a son boy ; on m'avait procuré une *aya* qui refusa hier de balayer et fut remplacée ce matin par un boy un peu cuisinier. Il nous a fallu acheter de la vaisselle et des provisions, du moins pour le déjeuner du matin et le dîner du soir, car il faut vingt minutes pour aller à Leadbeater Chambers où mangent les pensionnaires.

En fait d'exercices spirituels, nous avons remplacé jusqu'à la méditation par la confection du thé, du café, du chocolat, de la soupe, selon les besoins. J'espère cependant que notre ménage aura bientôt acquis l'automatisme nécessaire pour nous laisser la paix.

Aussitôt après notre arrivée, les amis de Mme Blech sont venus nous voir. Et le soir venu, nous assistons à notre premier « entretien d'Adyar ». Tout le monde prend place dans le hall, en face d'un groupe grandeur nature, représentant Mme Blavatsky (H. P. B.) assise, et le colonel Olcott debout. On s'assied, les hindous et les déchaussés sur le tapis ; les autres en arrière, sur des bancs. Les personnages occupent des fauteuils en jonc. Mme Besant et M. Leadbeater entrent ensemble et s'assoient aux pieds du groupe. Et l'entretien commence, familièrement interrompu ou dévoyé par les questions et observations du public.

V

Adyar, décembre 1912.

Le résultat de ma première sortie en sandales a été une écorchure qui, pour le moment,
m'empêche de me livrer à la marche. Je n'ai
donc pas pu me joindre au cortège qui, tous
les soirs, à 5 heures, accompagne la présidente à sa promenade. Il paraît qu'hier Mme Besant est allée partout examiner les lieux en
vue de la Convention et du logement de tous
les frères qui doivent y venir. Le soir, à l'étude
sur le karma, on voyait l'auditoire sensiblement augmenté. Ce matin, les comtesses
Shoak, les blondes Allemandes qui jouent le
rôle formidable de *housekeepers*, m'ont préve-
nue que les nettoyages commenceraient demain dans les chambres voisines des nôtres.

Nous nous rétrécirons autant que possible, abandonnant le renfoncement qui nous sert de salle à manger. Seule notre cuisine (une hutte fabriquée par les boys) et notre « buffet » resteront dans la cour.

La queue du cortège s'allonge de nos amis, les Parsis de Bombay, des Bénarésiens, de gens venus exprès d'Australie. De tous côtés on élève des cabanes, style *rancho*, et on improvise des lits pour loger les arrivants. On doit être déjà près de deux mille.

Les réunions se succèdent, toutes plus intéressantes les unes que les autres, et si nombreuses, qu'il est impossible de n'en point manquer. Mme Besant seule a la force nécessaire. Elle les préside et parle presque toujours sans manifester le moindre signe de fatigue. Je viens d'assister à une lecture de rapports sur les diverses « activités » théosophiques. Mrs Higgins, une vieille et excellente dame qui dirige les écoles bouddhistes de Ceylan ; une autre Anglaise qui a des écoles de Parias ; Miss Gencine que j'ai vue, de mes yeux vue, au travail à Delhi, où, avec son amie, Miss Priest, elle s'est chargée de l'école des filles ; Miss Arundale, qui a fondé celle de Bénarès ; G. Arundale pour son collège, lisent tour à tour les comptes rendus les plus encourageants pour le mouvement spirituel.

Depuis un jour et demi je n'ai pas le temps matériel d'écrire une ligne. Nous courons du Hall au Banyan, du Banyan chez nous, et de chez nous au Hall. Je me lève à l'aube et tâche de me coucher vers dix heures. Et je ne sais pas si c'est à cause de la tranquillité intérieure, (car d'extérieure, en ce moment il n'y en a pas), ou si c'est l'ambiance, mais je me rends bien compte que je comprends plus de choses, et que je prends de l'*expansion*. Malheureusement le physique suit le moral, et mes robes seront bientôt trop étroites.

Hier à 5 heures et demie, sous la tente féerique du banyan, dont les branches pendantes s'enracinent, devenant de nouveaux troncs qui forment des portiques, des galeries, des couloirs, des colonnades, et même des chambres, s'étend un immense tapis bariolé de têtes masculines, luisantes comme du chocolat, et parées de peintures, turbans et calottes colorées et bizarres, qui indiquent aux initiés le pays et la caste de leur porteur. Pour moi, ce n'est qu'un chatoiement éclatant des couleurs les plus intenses. Les dames hindoues, le nez et les oreilles scintillants de bijoux, et les rangs moins pittoresques des Européens, bordent ce parterre odorant, où perle une rosée que le ciel n'envoya pas. Tous les creux sont remplis de gens, et derrière la transparence des feuilles on aperçoit l'or du soleil. Mme Besant monte à la haute tribune. On la croirait, de loin, perchée sur une branche. Vous verrez ses conférences dans les journaux ; mais, hélas ! vous n'aurez pas ses gestes magnifiques, et sa voix si souple, tantôt mélodieuse comme un chant, tantôt roulante comme le tonnerre. Théosophie à part, c'est un orateur admirable, et une artiste devant laquelle Mounet-Sully et Sarah s'inclineraient. En français elle perd la moitié de son expression. Et pendant qu'elle. parle, la lumière change et défaille doucement ; les ampoules électriques s'allument (avec discrétion), et la blanche figure se détache sur le feuillage, ouvrant les bras comme un grand oiseau qui déploie ses ailes. Le vent frémissant à travers les branches, les cigales qui chantent au loin, tout semble suivre la cadence de sa voix. C'est magnifique, et nous nous sentons loin de la terre, planant comme dans un rêve.

Aujourd'hui dimanche, nous avons été invitées à un grand thé, donné par Mrs Racs, sous le banyan. Le Tout-Adyar y était, chaussé, pour la plupart, ce qui constitue le comble de l'élégance, élégance réservée, en général, pour les « gens de Madras ». Les « gens de Madras » synthétisent pour nous le snobisme, la correction anglaise, le monde et les philistins. Quand ils viennent, les sandales et les saris rentrent dans le troisième dessous. Nous avons eu un excellent thé, grâce à la boulangerie-pâtisserie Van Hook. Mme Besant est apparue un quart de seconde, et M. Ramson a diverti la société avec des tours do passe-passe et des chansons.

*

* *

Dans le hall, Mme Besant a parlé du chemin du retour, et des pierres d'achoppement que nous y trouvons. Une des plus grosses est le sens de la propriété. En cela l'Inde, aux familles nombreuses, dont les membres vivent ensemble et prennent indifféremment les objets appartenant aux uns et aux autres, pèche moins que l'Occident. Nous sommes toujours vexés lorsqu'on se sert de nos objets, et nous disons :

« si, au moins, il me l'avait demandé ». C'est justement dans ce sentiment qu'est le mal. Il ne s'agit ni de prêter, ni de donner, ni encore moins de nous dépouiller, mais de reconnaître, dans notre âme et conscience, que rien n'est à nous. Nous ne sommes que des dépositaires sans droit exclusif.

Miss Kopel nous avait invitées à visiter une école de parias d'ici (elle en a d'autres dans les alentours). Nous sommes arrivées à 9 heures, pour la prière. Il y a quelque deux cents gosses plus ou moins habillés, et le moins va souvent jusqu'à l'extrême limite. Dans la grande salle aux murs couverts de tuiles, sont les classes des plus âgés ; les plus petits sont sous un toit de chaume et sous un arbre, tous par terre. Un des professeurs est borgne ; un autre a la figure affreusement rongée, ce qui ne l'empêche pas d'avoir épousé une jolie femme et d'être père d'un des gosses qu'il enseigne : il est heureux.

Mme Blech allait se pencher pour regarder

l'ardoise d'une petite, lorsque, sur la cheve-
lure luisante, j'ai aperçu du monde ; et, depuis cet instant, je n'ai pas pu prendre à
l'œuvre admirable de Miss Kopel, l'intérêt
que j'aurais dû.

Dans l'après-midi, le gouverneur de Madras
est venu, avec ses aides de camp, visiter
l'école, qui l'a vivement intéressé. Miss Kopel
est radieuse. Elle mérite le Paradis.

VI

4 janvier 1913.

Ma chère amie, j'ai beaucoup pensé à vous et à nos réunions du premier de l'an chez vous ; car il y a déjà quelques années que nous passons ensemble ce jour fatidique. Ici, il s'est écoulé inaperçu. Mme Besant, Mlle d'Asbeck et autres personnes étaient invitées à un garden-party chez le gouverneur, et sont rentrées assez tard. Le lendemain, tous les Bénarésiens ont repris le sentier du retour. Nous avons assisté à leur exode, terminé par les Arundale qui eurent les honneurs de l'auto et de la compagnie de M. Leadbeater. Pendant ce temps, Mme Besant se délassait de ses fatigues en distribuant elle-même, et un par un, des gâteaux et des jouets aux trois ou quatre cents gosses de l'école des parias. Lorsqu'après avoir fait nos adieux à Miss Arundale, nous arrivâmes à Blavatsky Garden, les vêtements avaient déjà été donnés, et les gosses se dirigeaient vers le grand banyan où on allumait des lanternes vénitiennes. Les Adyariens formaient une espèce de cordon sanitaire autour de l'arbre ; les curieux restèrent dehors, et les enfants s'assirent en cercles, dos à dos, avec un ordre parfait. Mme Besant, suivie d'un petit Birmanien âgé de treize ans (qui ressemble beaucoup à mon frère José quand il était petit), qui lui présentait un plateau, se baissant constamment pour déposer l'objet dans les petites pattes noires, fit le tour de ces cercles cinq ou six fois à ma connaissance, car je partis avant la fin. Il y avait sûrement là plus de trois cents parias en herbe. Essayez de vous baisser quinze cents fois de suite, et vous comprendrez mon étonnement. Vous voulez mes impressions ? J'en suis abasourdie.

.   .

J'ai reçu votre lettre, et j'en ai encore le
vertige. Comment, vous voyez déjà le livre
sur Adyar, y compris la couleur de la cou-
verture? Le seul malheur est que le véritable
Adyar n'est pas sur le plan physique, et que
jamais on n'en pourra donner la moindre idée
à des gens qui n'en ont pas senti les courants.
Donnez donc l'idée d'une vibration à ceux qui
n'ont jamais senti l'électricité ? Même des
choses physiques, comme les couleurs du ciel,
sont, ici, impossibles à rendre. Je sors souvent avec Mlle Bermont qui est peintre et se
pâme devant les crépuscules, mais qui ne
pourrait pas définir leurs couleurs, tellement
elles sont miroitantes. Quand on croit que
c'est du vert, c'est bleu ou jaune, mais des
verts et des jaunes qu'on n'a pas l'habitude
de voir, donc inqualifiables. Et de même les
rouges. Les bois chantent : non pas la chan-

son du vent dans le feuillage, ni le gazouil-
lement des oiseaux : il y a de tout cela,
mais aussi d'autres choses invisibles qui forment un chœur mélodieux. On en a les larmes
aux yeux ; mais essayer de rendre cette impression, ce serait la trahir bassement. C'est
comme le Taj-Mahal en photo : ça ne dit
rien, et c'est une des merveilles du monde!.

Donc je ne peux pas ; je ne me sens pas la
force d'attaquer le chapitre sur l'Adyar mys-
tique. J'en ferai peut-être un poème dans ma
prochaine vie. Passe pour l'Adyar historique
et pratique, si vous pensez que cela puisse
rendre service. Je vous en enverrai un petit
morceau chaque fois ; puis on les taillera
proprement, et on leur passera un fil.

***

Adyar est une immense propriété, où des
bâtiments disséminés forment une véritable
petite ville. On peut même y posséder sa

maison particulière. Je songe à m'en faire construire une que j'offrirai à mes amis. Le Quartier Général est une grande bâtisse rouge, ornée de têtes d'éléphant blanches tout autour. Et vous ai-je dit que ce phalanstère est teinté de Trianon ? Les housekeepers s'appellent comtesses S. On les voit passer tous les matins, le torchon à la main, suivies d'un domestique. L'épicerie est tenue par le Major Peacoke, un Anglais à barbe d'or. Mrs Van Hook est boulangère, et je ne sais plus qui, laitière. M. Beck est le majordome ; deux riches Hollandais, les jardiniers ; et tous ceux qui en sont capables impriment, corrigent des épreuves, tapent à la machine, sténographient...

Moi je compte m'offrir à la Bibliothèque, pour faire le catalogue des livres espagnols.

Vous voulez du pittoresque? Eh bien, entrez de 8 à 9 heures dans le hall désert. On y voit, en face du groupe de H. P. B. et du colonel, lisant les journaux de la veille, un vieux juge hindou, maigre et ratatiné, qui a ôté son turban. Debout en face de lui, pieds nus, en peignoir de laine brune, aussi épaisse que celle des Pyrénées, et souvent coiffé d'un fez rouge, Van M. lui soumet ses réflexions. Un peu plus loin, une femme demi-nue fait de la poussière avec un petit faisceau de feuilles de palmier : c'est la balayeuse. Et derrière elle, la jeune comtesse S., en sâri, sandales, et au bras un immense cabas noir rempli de clés, surveille la besogne, et, aussi souvent à quatre pattes qu'à deux, brosse, époussette et astique à tour de bras. Tous les matins, elle part avec sa cohorte de balayeurs qu'elle sème en route, et une meute de chiens parias du village, qui viennent se faire entretenir par elle, au grand mécontentement des chefs qui disent, avec raison, que si on attire ces animaux nous aurons bientôt la peste.

La boutique Peacoke est une affreuse salle

basse avec une belle terrasse au-dessus. Elle servait de salle à manger au colonel Olcott, car on ne mange pas au Quartier Général, Elle est divisée en deux. Dans la première partie on vend de l'épicerie, des ustensiles de cuisine et des liqueurs sans alcool. La seconde partie sert encore de salle à manger pendant la Convention. On y vend aussi les peintures de Miss Fuller : (portraits de Mme Besant, de M. Leadbeater), et de la vaisselle et de la papeterie. Ces peintures sont accrochées, et le reste est tellement pêle-mêle que, pour une gomme à effacer, on m'a défait un jour sans résultat les boîtes les plus hétéroclites. Je vous raconte ceci pour vous amuser, car je ne voudrais pas faire du tort à ce brave Major qui s'escrime de son mieux. On ne s'improvise pas épicier du jour au lendemain. Il paraît qu'il est marquis ; mais en tout cas, il n'a d'un épicier que la bonne volonté. Il a dans les quarante ans, une peau blanche, des yeux bleus, une barbe dorée en pointe. Je crois

que c'est un bel homme. Il a quitté les vanités
du monde pour débiter des conserves avec la
plus souriante placidité. Nous avons, comme
cela, une tapée de gens admirables. Notre
jardinier, un Hollandais, a, paraît-il, refusé
une situation magnifique pour venir planter à
l'œil, des ombrages pour les races futures.
Le bataillon du « Théosophist » est composé
de gens qui travaillent comme des forçats,
sans recevoir un sou, et parmi lesquels il en
est de très pauvres. Quant au doyen d'Adyar,
le Dr Englich, il habite ici, avec sa fille,
depuis douze ans. C'est un patriarche à l'air
vénérable et à barbe blanche. Je l'ai vu re-
monter la pendule, et je pense que c'est lui
l'horloger de l'établissement.

Mais il y a quelqu'un qui tient ici une grande
place, bien qu'il n'y soit pas. C'est Damodar.
J'ai déjà souvent entendu M. Leadbeater lire,
avec une patience angélique, la même ques-
tion, le même soir, deux fois de suite : « Quand
reviendra Damodar Malavankar? » Il répond

qu'il n'en sait rien; que ce sera probablement
lorsque le moment en sera venu. Mais les
gens ne se tiennent pas pour battus, et recom-
mencent le lendemain. C'est une sorte de
scie. En attendant, le soir, en descendant du
toit où a lieu la réunion, nous jetons un regard
ému vers le cabinet, aujourd'hui fameux, où
Damodar couchait avant de partir chercher la
sagesse et la lumière dans les montagnes du
Thibet. Nous avons vu au Musée — vous
l'ai-je dit? — la dépêche par laquelle Mme Blavatsky annonçait au Colonel le départ de
Damodar qui, depuis lors, n'est pas revenu.

Au sujet des tarots, il est inutile de consulter
M. Leadbeater, qui est débordé de travail
plus utile. Vous n'avez qu'à lire l'*Etude sur
la Conscience*, et vous verrez que la réponse
est *non*. On ne rend service que lorsqu'on
annonce de bonnes choses; mais lorsqu'il

n'y en a que de mauvaises, ce qui se présente souvent, on ne peut que mentir ou désespérer les gens. Je ne veux faire ni l'un ni l'autre. Pour une personne que l'on consolerait, il y en a dix qu'on désolerait, car malheureusement, ne sachant rien d'avance, on ne peut pas choisir ses « clients ». Ayant toujours été fascinée par les sciences divinatoires, je ne blâme guère ceux qui en subissent l'attraction. Mais je ne les y encouragerai pas. N'oubliez pas, d'ailleurs, que ce que l'on *voit* ne signifie rien en soi : c'est l'interprétation qui est tout. Une même chose a des significations bien différentes! Sans nous en rendre compte, nous pouvons si souvent être influencés dans nos interprétations par nos habitudes de pensées, par nos préoccupations coutumières! C'est même presque toujours ce qui se produit, et plus encore chez ceux qui se complaisent à développer leurs facultés psychiques. Et n'oubliez pas que le psychisme contrarie l'intuition.

M. Leadbeater, arrivé seul à la réunion du soir, a commencé par ces mots : « La Présidente ne viendra pas : elle s'habille pour aller au bal ». En effet, le Gouverneur de Madras donne une grande soirée à laquelle sont invitées Mme Besant et quelques-unes de ces dames. Je remercie mon étoile obscure de m'exonérer de l'horrible corvée de mettre des souliers.

Mlle Bermont nous a raconté que la soirée était splendide, et Mme Besant éblouissante de grâce et d'esprit, rajeunie de vingt ans, très chiquement habillée en blanc et or, et respectueusement montrée. Le Gouverneur s'est entretenu avec elle plus qu'avec personne, et, suivant ce noble exemple, tout le monde l'a traitée avec le plus grand respect.

Le seul événement de cette semaine a été
la présence flottante sur la rivière, près de
chez nous, d'un long serpent jaunâtre, que
nos boys prétendent défunt ; pour moi, il me
semblait lui voir avaler de l'eau. Ce soir il y
était encore. On a déjà trouvé des cobras
dans quelques salles de bains. Je laisse à leur
intention ma lanterne allumée la nuit : il paraît que la lumière les effraie.

M⁰ᵉ Blech et moi, nous avons donné un
thé sous le banyan. Nous avions invité tous
les Européens et quelques Hindous. M⁰ᵉ Besant s'est arrachée à son travail et a honoré
la solennité de sa présence, ce qui fut une
joie pour tout le monde ; car il y avait un
temps infini qu'on ne l'apercevait pas.

Ce matin, à 7 heures, réunis dans le hall,
Mme Besant et M. Leadbeater en tête, et les
domestiques et coolies à la queue, nous avons

défilé devant la statue du Colonel Olcott, en lui jetant des fleurs, en commémoration de son passage de ce monde dans l'autre. Mme Besant a prononcé un petit discours, et M. Leadbeater a ajouté que l'année prochaine il serait intéressant de voir le Colonel sous sa nouvelle forme jeter des fleurs à l'effigie de l'ancienne; et cela ne serait pas difficile, le Colonel s'étant réincarné au sein de la Société. Ensuite on nous a rappelé qu'un autre 17 février, il y a je ne sais plus combien de siècles, Giordano Bruno avait été brûlé; et que le 17 février, il y a soixante-sept ans, M. Leadbeater était venu au monde. En l'honneur de quoi nous étions invités à prendre le thé sous le banyan.

Aujourd'hui 18, nous sommes allés à Madras et rentrés après 7 heures, en longeant la mer phosphorescente sous un ciel bleu foncé et clair à la fois. Mme Besant parlait à Victoria Hall en faveur de l'Œuvre pour la protection de l'enfance. Le Gouverneur et

Lady Reutland présidaient. Tout Adyar y
était. La brochure que je vous envoie vous
en dira plus sur l'Œuvre que je ne saurais le
faire. Mme Besant était de beaucoup le meilleur
des orateurs y compris Son Excellence. Mais
le plus drôle c'était de voir Adyar coiffé. Les
« natifs » avaient arboré des bonnets de
Parsis ou de magnifiques turbans écarlate,
groseille, cerise et blanc liserés d'or. Les
Européens s'étaient chaussés et avaient mis
leurs casques, et les femmes avaient sorti des
chapeaux à la mode de leurs pays il y a dix
ans, et que, depuis lors, elles conservaient
précieusement au fond d'une malle. Moi,
j'avais ma robe de linon rose, un peu passée
au lavage, et mon chapeau de paille à plumes
noires ; tous les deux se battaient ensemble,
mais ma sérénité n'en fut pas troublée.

Ici, rien ne me semble neuf, ni le paysage,
ni les gens, ni la façon de vivre. Je sens

réellement que je reprends des habitudes. Mais je n'ai pas encore compris ce que je viens y faire. Je me sens aussi heureuse que possible sur cette terre d'exil, (je parle d'Aydar d'abord et de ce bas monde ensuite). Je ressens un bien-être tranquille, et pas du tout — du moins jusqu'à aujourd'hui — la pression et le malaise qu'éprouvent la plupart des nouveaux arrivés.

On dirait que la Providence s'est complu à aplanir tous les obstacles qui auraient pu m'obliger à rebrousser chemin. Et ne vous inquiétez pas de ma santé : j'ai admirablement mangé, d'abord sur le bateau où l'on avait tous les légumes connus ; puis dans les hôtels, où l'on nous remplaçait consciencieusement chaque plat de viande par un plat végétarien, ce qui portait le nombre de nos mets à huit ou dix par repas. A Bénarès, j'ai été nourrie par Miss Arundale ; et ici j'ai un boy qui, sur deux ou trois réchauds du pays, nous compose de petits repas délicieux et succulents.

Le pain vient de la boulangerie dirigée par Mme Van H. : on y fait des gâteaux comme à Paris. Le lait est fourni par les vaches de Mme Besant, donc sans baptême ni adultère ; et le beurre nous vient de la meilleure maison de Madras. Et comme il n'y a pas de beurre ordinaire, c'est ce beurre extra que Francis (le boy) emploie pour sa cuisine. Je voudrais, pour vous faire plaisir, vous dire que je maigris ; mais je dois m'abstenir du mensonge. Je crois pourtant que je n'ai pas sensiblement grossi. N'allez pas croire que je mange trop ou que je ne fais pas d'exercice : Mme Blech a meilleur appétit que moi (qui ne prends plus de pain) ; elle fait moitié moins d'exercice, et elle a tellement fondu que ses robes flottent autour d'elle. Nous venons de la conduire à la gare, et j'en suis bien triste. Vous la trouverez changée, car elle s'est beaucoup fatiguée à Adyar où elle travaillait avec plus de courage que de mesure, et sans jamais s'accorder la moindre petite sieste. Je suis

seule, à présent, dans notre maison. Heureusement les veilleurs de nuit ne sont pas loin,
et de ma fenêtre j'aperçois leur lanterne.

* *
*

Figurez-vous que je viens de découvrir
qu'on ne voit pas une chose la première fois
qu'on la regarde. Voilà déjà deux mois que
je me promène par ici sans rien trouver d'ex-
traordinaire dans la nature, lorsque, en reve-
nant de Madras, j'en ai eu la révélation
éblouissante à cause d'un coucher de soleil et
d'un lever de lune que je ne soupçonnais pas.
Et, depuis lors, tout me semble éclater de couleur. Les Hindous chocolat luisant, vêtus d'un
pagne et d'un turban rouge, se détachant sur
le bleu de la mer ou se confondant avec les
ibicus et les autres fleurs qu'ils arrosent, me
feraient marcher des lieues pour les voir.
Les couchers de soleil feraient palpiter un
cadavre. Ce soir, le bâtiment du Quartier

Général, qui est rouge, sous les reflets du couchant semblait une flamme transparente. J'en étais folle. Et je viens de me toquer également des cocotiers dans la pénombre. Je crois tout de même que la nature n'est pas absolument pareille à celle de l'Amérique, comme il m'avait semblé d'abord. Il y a autre chose, et je cherche quoi. Peut-être aussi avec les dernières chaleurs la lumière est-elle plus intense. Je n'en sais rien. Mais c'est une féérie.

Je serais très navrée si je ne vous manquais pas! Vous me manquez bien aussi. Mais je vous ai expliqué que si je partais dans l'état d'âme béat, mais obscur, où je me trouve, je serais malheureuse au dernier point. En attendant d'avoir trouvé au moins le commencement de la voie, je me suis mise au service de la bibliothèque; et je me suis offerte

pour aider à l'expédition du « Théosophist ».
Mon travail intellectuel d'aujourd'hui a con-
sisté à coller au moins six cents timbres bien
droits ; et j'ai déjà appris à écrire des enve-
loppes admirables. Mon patron est très difficile. Le principe, vous l'avez compris, est
celui de la perfection en tout ce que nous
devons faire, pour insignifiant que ce soit.
Demain on met la *Revue* sous enveloppe et
on la ficelle. J'ai pour compagne de travail
une petite brahmane dont le mari étudie en
Angleterre. La pauvre a une vie assez difficile, car, ayant commis l'inqualifiable crime
de se lier et de manger avec des Européens,
ses congénères la méprisent. Les brahmanes
sont plus féroces avec leurs préjugés de
castes que les Anglais avec leurs préjugés
de couleur. Figurez-vous que les écoles de
parias forment des ouvriers très adroits, et
qu'on ne peut pas les employer parce que les
castés s'enfuiraient comme devant la peste.
Miss Kopel a été la première à avoir un boy

paria ; cette dignité même leur était refusée.
Les brahmanes n'acceptent l'idée de la fraternité qu'à la condition de ne pas la mettre en pratique. J'aime mieux les Parsis qui, eux, ne font pas tant de façons pour accepter une tasse de thé.

* * *

J'aurais voulu que vous entendissiez Arundale parler au sujet des épreuves. Vous vous seriez sentie, au moins pendant quelques minutes, prête à sacrifier tous vos corps, car il faut, dit-il, apprendre à aimer en dehors d'eux. On commence par les sens physiques. La vue, l'ouïe, sont sacrifiées. On reste sur le plan du sentiment pur. Puis le sentiment est également sacrifié, avec le corps astral, pour pouvoir s'élever au plan mental ; et ainsi de suite. C'est une gymnastique douloureuse, mais la seule qui nous assouplisse et nous permette de nous rejoindre au delà du plan physique. Il nous faut imprimer fortement dans notre

esprit que nous ne sommes pas notre corps,
et que nous n'avons pas besoin de satisfaire
nos yeux de chair. L'amour, le vrai, n'y perd
rien. Je vous répète là des choses qui sont
plus faciles à dire qu'à réaliser ; mais ce n'est
qu'en s'exerçant qu'on développe ses forces.
Il faut apprendre à reconnaître le *réel* de ce
qui n'est que l'illusion.

Vous souvient-il que je parlais toujours
d'un couvent particulier où je voudrais finir
mes jours ? Eh bien, c'était une vision d'Adyar
qui me passait devant les yeux. C'est ici la
vie spirituelle comme je la rêvais, sans macé-
rations ni pénitences ; sans cellule ni bure ;
ni vœux ni cloître. Je suis navrée de quitter
Adyar. C'est un lieu unique. Je me suis déci-
dée à partir pour le Kashmir avec Mlle Bermond. Nous y vivrons sur l'eau, chacune
dans un house-boat.

VII

Srinagar, 21 avril 1913.

Je vous écris de la capitale du Kashmir (ou
Cachemire), à bord de mon bateau, « The
Griffin », qui se balance sur les eaux d'une
Venise hindoue. Nous sommes suivies d'un
bateau-cuisine à notre usage, et flanquées
d'une quantité de barques boutiques, dont les
patrons nous assaillent pour nous faire acheter leurs marchandises. Au loin nous aperce-
vons les pics neigeux ; et, tout près, des co-
teaux fleuris très semblables à ceux qu'arrose
la Seine. C'est un décor mi-parisien, mi-japo-
nais, pour le moment noyé sous la pluie. Il
fait assez bon dans la journée, mais le soir on
gèle. Mlle Bermond, n'ayant pas encore son
bateau, est mon hôte. Grâce au ciel, j'avais

eu l'idée et les moyens d'amener mon boy : et
ainsi nous sommes logées et nourries. Le
pays est une merveille, couvert de pommiers
et de pêchers en fleurs qui se reflètent dans
l'eau ; et la rivière est remplie de house-boats,
depuis la modeste donga en nattes, jusqu'aux
palais flottants du Résident, du Maharajah et
autres gros légumes. Mais quel voyage !

Nous sommes parties de Madras à 9 heures
du soir. La nuit fut passable, mais le lendemain de feu. Dans notre wagon, Mlle B...,
qui ne se sépare jamais de son thermomètre,
le contemple avec accablement : il marque
40 degrés. Nous sommes en robes de chambre et nous fondons. Le cabinet de toilette
est un foyer ; l'eau coule chaude, et la cuvette
en métal nous brûle, ainsi que les boutons
des portes. Un toast, dont je n'avais pas
voulu le matin, était exquis à midi, rissolé
par la lumière : le soleil l'aurait consumé.

Arrêt à Bombay, et nouveau départ le soir,
à 9 heures, par la même température. Plaines

désolées du Nord vers Agra et Delhi, semblables au désert, sablonneuses, monotones et
brûlantes. Arrivée à Rawaljundi ; fraîcheur
délicieuse ; hôtel écorcheur ; nuit de trêve et
nouveau départ le lendemain à 10 heures du
matin, en tonga. La tonga est un instrument
de torture qui me rappelle le lit de Procuste,
et où les seules places possibles sont pour le
cocher et le domestique. Nous occupons di-
gnement les deux autres, en arrière, réservées
aux voyageurs, et où le soleil et la poussière,
la chaleur et les crampes, se disputent la
gloire de faire évoluer nos divers véhicules
par la contrainte qu'ils leur imposent. A un
moment, j'ai cru passer dans l'autre monde :
j'étouffais ; je me congestionnais, je me de-
mandais avec horreur si réellement pendant
trois jours nous verrions cette plaine en feu.
Je soupirais de toute mon âme après un arbre ;
mais l'aubaine se faisait douloureusement
attendre. Mlle Bermond, malgré les cahots, a
eu la vertu de tenir son ombrelle ouverte et

de m'abriter. Moi, je ne pouvais que gémir, un peu à haute voix, et beaucoup sur le plan mental.

Nous couchâmes à Murree, à huit mille pieds, avec un froid terrible, après la journée torride. Nous ne fîmes que grelotter, en soupirant comme Pythagore, pour le milieu juste et bon. Notre supplice recommença le lendemain, de bonne heure. Avec des journaux nous nous étions un peu abritées, et notre tourment se borna aux cahots. Mais en redescendant des hauteurs, la poussière et la chaleur reprirent comme de plus belle. Nous arrivâmes pour coucher dans un décor admirable, à Donnel, où tout était odorant et fleuri comme un rêve. Mais à partir de Donnel, nous étions dans la montagne, en plein Himalaya. L'ombre nous protégeait. Nous avions trouvé un moyen de nous asseoir de côté qui nous permettait de respirer la brise au lieu de la poussière. Nous nous asseyions un jour à droite, et un jour à gauche, pour équilibrer nos foulures ; nous ne faisions que cinq heures de route au lieu de sept ; nous longions des torrents ;. nous admirions la nature. Bref, nous nous étions réconciliées avec tout, excepté la tonga qui nous bleuissait de plus en plus. Enfin, au bout de cinq jours de souffrances et de joies, de rencontres avec la poste qui ne manquait jamais d'user de son privilège de prendre les meilleurs chevaux, que souvent nous avions obtenus à grand'-peine ; à force d'être harcelées par des gosses, bien plus tenaces, sales et éhontés qu'en Italie ; de déjeuner dans un bungalow et de coucher dans un autre ; de rouler cahotées, sans le moindre égard de la part du cocher dont le seul devoir semblait être de ménager sa charrette, (car les chevaux étaient aussi mal traités que nous) ; après avoir, ici, à Srinagar même, marché une heure et demie de plus qu'il n'était nécessaire, nous avons enfin quitté l'horrible tonga en face de l'agence des bateaux où l'un de nos frères nous attendait

depuis midi. Il était 2 heures. Accompagnées
de ce frère, un jeune homme qui venait
d'avoir la fièvre et quittait son lit pour nous
recevoir, nous allons visiter des bateaux.
Nous en voulons deux : chacune le nôtre. Les
Hindous, qui vivent cinquante dans la même
maison, ne comprennent pas cette idée saugre-
nue, et se tuent à nous démontrer que nous
serons mieux ensemble, sous tous les rapports : économie, agrément, etc. Nous per-
sistons à leur dire que nous voulons être aussi
près que possible l'une de l'autre, mais que
nous désirons chacune notre boîte. Ils ne
comprennent toujours pas, et, en attendant,
ils nous casent ensemble, dans un bateau
provisoire. Il est plus de 5 heures, et, depuis
7 heures du matin, nous n'avons pris qu'une
tasse de thé et deux petits toasts. Je défaille,
et demande à manger et à me coucher un
instant. Et parmi les paquets entassés dans
ce bateau provisoire où nous devons passer
la nuit, on déballe les casseroles et le cacao ;

Mlle B... va chercher du beurre, et je finis par manger et dormir comme une abrutie. Le petit frère revient. On revisite des bateaux ; j'en trouve un possible et m'engage à le prendre le lendemain. Francis, sur deux lampes à alcool, commence à préparer le dîner : (du macaroni et des petits pois de conserve). Nous sommes étouffées par une sale et puante foule de mahométans qui veulent entrer à notre service.

Francis, mon boy, à qui on a dit, à Bombay, que les Cachemiriens sont des voleurs, et qui voit nos paquets éventrés parmi cette nuée d'assaillants, s'énerve et s'emballe. Le petit frère le calme. Le jour tombe ; et tout à coup on voit se poser, à côté du bateau provisoire où nous nous sommes arrangées pour passer la nuit, l'autre bateau que je viens de prendre pour cinq mois, à partir de demain. Le petit frère a jugé que nous y serions mieux, et, sans nous consulter, (ne sommes-nous pas des femmes ?), il l'a fait venir et nous y transporte. C'est la nuit. Nous n'avons pas de lumière ; les paquets défaits roulent par les fenêtres. On cherche des bougies, et on les colle à des soucoupes. Nos valises ouvertes, nos plaids dépliés, le macaroni à moitié cuit, les boîtes de conserves, les casseroles sales, tout s'entasse pêle-mêle, tout roule où ça peut. Un orage éclate. Le petit frère travaille comme un diable à transporter nos pénates. Il brûle de fièvre, mais c'est un brahmane, et il ne veut rien accepter de nos mains impures. Francis finit le dîner sur le « bureau » ; et, vers 9 heures, nous le mangeons froid. Maintenant nous commençons à nous installer.

J'espère que vous jugerez, cette fois-ci, que ma lettre vaut le timbre ? Quand vous en aurez assez, vous me le direz, et je reviendrai à la *condensation*.

* *

Nous avons changé de place. Nous étions enfermées entre les talus d'un canal boueux.

Le meilleur endroit est pour « les hommes seuls ». Nous avons ancré notre flottille en face : le bateau de Mlle Bermond, le mien, le bateau-cuisine, et la *chikarrée*, un petit esquif plat qui sert pour se promener, et qui n'a rien de la douce gondole. Même en fermant les yeux, je n'arrive pas à me donner l'illusion de Venise : ça manque de paix et de richesse. Cependant hier, le coucher du soleil sur la neige de l'Himalaya avait du bon. Mais quel froid de canard !

*
* *

La municipalité vient de nous faire déménager : il paraît que nous empiétons sur les hommes. Mlle B. prétend que c'est un mauvais lieu. Mais c'était aussi le seul bon. Je suis dégoûtée.

*
* *

Quel mal pour arriver à se caser ! Nous avons découvert un endroit isolé et un peu éloigné du centre, où nous nous sommes transportées. Le panorama est merveilleux, encerclé dans les hauts pics neigeux. Le thermomètre monte avec une rapidité inquiétante, mais pour l'instant il fait exquis, juste ce qu'il faut ; et les couchers de soleil sont magnifiques. Si on nous avait tout de suite placées ici au lieu de nous enfermer entre les talus fangeux d'un sale canal, et si la pluie ne nous avait pas inondées jusqu'au cœur, ma première impression n'eût pas été si fâcheuse. Notre petit frère, un gosse sans expérience, s'imaginait que nous étions perdues ou volées si nous faisions un pas sans sa permission ou sans son escorte, et ne songeait qu'à nous avoir à la portée de ses pieds. C'était très touchant ; mais cette tutelle n'est pas dans nos mœurs, et nous nous sommes émancipées, à son grand ébahissement. Comme nos maisons flottent sur la rivière, loin de la ville, c'est nous qui allons chercher le frère en chikarrée. Ma malle est arrivée hier, toute meurtrie. J'ai presque fini de m'installer ; et, bien que regrettant toujours profondément la vie d'Adyar, je pourrai filer mon été sans compter les jours et les heures, comme au cœur de la ville, où, jusqu'à l'Himalaya, tout me paraissait en carton, et « made in Germany ». Lorsque nous sortons le soir, nous voyons au moins de vrais champs constellés d'iris, et des troupeaux qui les paissent, au lieu des clubs et des églises de l'encombrante Albion. J'ai une engelure, mais aussi l'espoir de sa mort prochaine.

J'aurais bien voulu entendre Mme Blech, et je suis heureuse d'apprendre qu'elle vous a rapporté de l'abondante nourriture spirituelle. Une chose m'inquiète : est-ce que vous allez vous monter le bourrichon sur moi, et vous attendre à ce que je fasse descendre sur vous le Saint-Esprit ? Je vous en prie, rendez-moi le service de ne pas laisser cette idée germer dans aucun cerveau, car on aurait une déception terrible. Je veux bien écrire le livre

et répondre à toutes les questions répondables
que l'on me posera entre quatre-z-yeux ; mais
parler en public ! L'idée seule m'en fait frémir !

*\
* *

Les journées sont maintenant très longues,
et, grâce aux orages, il fait assez frais. Cependant cette « vallée heureuse » (comme on
a surnommé le Cachemire) ne me plaît pas
jusqu'à présent. Je n'en vois que les désagré-
ments et la saleté inénarrable des gens. Les
femmes, pendant deux ans gardent la même
robe ; et c'est la robe qui les quitte. J'ai entendu dire que ces vêtements étaient blancs ;
mais le blanc est certainement la couleur in-
visible. Les endroits les plus clairs sont isa-
belle irisé ; les foncés, couleur de roc le soir.
Les hommes aggravent leur charge de mi-
crobes d'un turban colossal qui n'est jamais
lavé.

Hier on a découvert un très grand serpent

qui menaçait le bateau de Mlle Bermond. C'est un des plus mauvais. Nous avions tous la frousse, lorsque l'homme au panier, dont l'euphémisme a fait un « balayeur », déclara qu'il savait les charmer. Il récita un *mantram* et prit par la queue le serpent qui n'opposa aucune résistance. Puis il le lâcha en le déclarant inoffensif. Et le serpent s'éloignait docilement, lorsqu'une Anglaise lui envoya une balle qui mit fin à ses jours.

Un autre événement de notre vie d'ermites amphibies fut, ces jours-ci, un pèlerinage qui eut lieu à un village appelé Kir Bhani. Des bandes de dévots ou de simples curieux ont défilé toute la journée, portant des plantes ou des fruits, ou des bouquets de menthe. Nous les avons suivis, mais à la porte on nous a enjoint de nous déchausser. Comme nous n'avions pas apporté de sandales, nous avons dû rebrousser chemin. Nous y sommes retournées le lendemain. Nous n'y avons vu qu'un bassin avec un trône au milieu, et une

jonchée de fleurs fanées. On nous a raconté
que vers la fin du xvᵉ siècle, une déesse était
apparue à un saint brahmane, et lui avait
ordonné de creuser à cet endroit, où il trouverait une source, et de lui élever un sanctuaire. On remarqua ensuite que l'eau de cette
source changeait de couleur : elle était, tantôt
blanche comme du lait, tantôt rouge ou bleue ;
et qu'elle devenait noire à l'approche de quelque calamité. On l'a en grande vénération ;
et ceux qui y viennent ayant mangé de la
viande, bu du vin, ou portant du cuir, sont
frappés de choléra, ou, pour le moins, de
coliques. La Providence ayant permis que
nous fussions pures d'alcool et de chair ani-
male, les sandales en ficelles aidant, nous nous
sommes brillamment tirées d'affaire.

On nous avait prévenues de tous les défauts
des Cachemiriens. Ils sont décrits dans tous les

livres, et visibles à l'œil nu.·Cependant tous les jours nous avons des surprises désagréables! Si je n'avais pas Francis, je serais écorchée jusqu'aux os, et jaune jusqu'aux orteils, à force de me faire de la bile. Ils ont les défauts des Hindous, ceux des Musulmans, ceux des Juifs et ceux des Anglais, sans aucune autre qualité que la beauté. Je les avais toujours trouvés sales, mais depuis qu'il fait chaud, je constate qu'ils portent sur eux toute la crasse de la terre. C'est un singulier peuple. Son histoire, la plus ancienne du monde, n'est qu'une suite d'invasions, d'usurpations, de pillages, de meurtres. Il a eu des tyrans à côté desquels Néron n'est qu'un enfant innocent. Ce pauvre pays n'a connu que de rares et courts intervalles de prospérité, sous Asoka, Lalatadyta et Akbar.

Je travaille tous les jours jusqu'à 5 ou 6 heures ; après quoi nous sortons à pied ou en bateau. Lorsqu'il fait beau, après dîner nous allons admirer les crépuscules aux

teintes sans pareilles. Hier, nous avons traversé le palais du Maharajah : une horreur,
peinturlurée et barbouillée comme par un sau-
vage. Par endroit c'est blanchi à la chaux,
et d'autres morceaux sont un assemblage
aveuglant de rouge sang et de bleu paon. Le
toit est en zinc pour compléter la merveille.
Les jardins, par contre, sont fort beaux. Que
nous sommes loin de Venise ! Le commun
des maisons est en bois ; souvent pourries et
branlantes, ou à moitié écroulées par les
tremblements de terre. Il n'y a pas de *tra-
ghetti*, et encore moins de rives en marbre.
La barque approche le plus près possible du
bord, on atterrit dans la boue, et on grimpe
à quatre pattes sur le talus glissant. Les
rares escaliers sont aussi en bois vermoulu
et branlant : le luxe oriental est à l'ouest.
J'oubliais de signaler que le toit des maisons
vulgaires est en terre couverte de gazon,
parfois très haut. De loin on se croirait dans
la verdure. Après le crépuscule ce qui attire

le plus mon admiration est le chenar, le marronnier de l'Inde, qui forme de magnifiques sous-bois.

Voici les détails pratiques que vous me demandez. D'abord sachez que mon élégante robe taupe fait les frais de ce séjour, et que le petit feutre rafistolé à Venise complète mon accoutrement : vous ne les reverrez plus. Le billet de Madras à Bombay coûte, en seconde, 34 roupies ; et le double en première. On est aussi bien en seconde, si on a la chance de n'être que deux. Lorsque les lits du haut sont occupés, ce doit être odieux dans toutes les classes ; mais nous n'avons pas encore goûté ce plaisir-là.

De Bombay à Ravalpindi (quarante-deux heures) le billet coûte 55 roupies. Le chevalet de torture nommé tonga coûte 42 roupies par place ; et 124 roupies les trois. On les donnerait pour ne pas le subir. Dans les bungalows, on paie une roupie par lit, plus la lumière, le bain et la mangeaille, et surtout les pourboires qui finissent par égaler les autres frais en plus de la tonga. Si on est très économe, on en a pour 6 à 7 roupies par jour, pendant le voyage.

Le bateau qui comprend : antichambre, salon, salle à manger, chambre à coucher, et salle de bain, me coûte 35 roupies par mois. Le bateau-cuisine, 12. Il y a en plus Francis, l'homme du bateau-cuisine qui sert aussi de porteur d'eau ; et le porteur du karma de la nourriture, marqué dans le tarif 10 roupies 4. Nous trouvons ce dernier horriblement cher ; mais peu de gens ici exercent ce métier, et alors ils veulent en extraire des rentes. Pour bouger, il faut prendre des extras, à 8 aunas par jour.

VIII

Shadipur, 26 mai.

Lundi dernier, sans sortir de notre carapace, nous avons quitté Srinagar pour chercher l'ombre de quelque arbre, car toutes les bonnes places étaient prises. Nous sommes maintenant en pleine campagne, à l'endroit sacré où le Jhelum et le Lind célèbrent leurs noces ; mais pour tout ce qui n'est pas plaisir des yeux c'est un sacré endroit : ni vivres, ni timbres, ni rien. Le facteur, qui ne sait pas lire, va de bateau en bateau avec un paquet de lettres dans lequel chacun fouille et cherche son bien, et si l'on envoie à la poste, il faut trois heures pour y aller à pied.

Mlle B. et moi, chacune dans notre bateau, nous travaillons toute la journée. Je traduis en espagnol la « Voix du Silence ». J'étudie la Grande Ourse pour ma branche de Paris ; et je lis tout ce que je peux sur le Cachemire. Nous avons des orages presque quotidiens. Le pays est merveilleux après la pluie, d'un calme biblique. On s'attend à rencontrer sur les routes le Bouddha ou Jésus entourés de leurs disciples. Si les difficultés du ravitaillement n'étaient pas si considérables, je resterais ici jusqu'à l'arrivée des moustiques. Mais nous rentrerons aussitôt qu'il y aura assez d'eau pour aller au Dal Lake, dans la ville, avec possibilité de marché et de poste. Nous voulons aussi visiter la fabrique de soie qui emploie 3.300 ouvriers. Les œufs des vers viennent d'Italie, et le Gouvernement les donne gratis.

Le Cachemire est un des plus splendides pays du monde. Il manque de confort moderne, voilà tout. Nous venons de voir, au crépuscule, les lotus en fleurs ; et c'est dans une véritable forêt que nous avons dîné en barque. L'eau de ce lac merveilleux est plus transparente que le cristal, et plus bleue que le saphir ; par moments elle se teinte d'indigo argenté, et le reflet des montagnes sombres et des barques dorées est aussi brillant, aussi net, aussi fixe que l'objet même. Et tout cela n'est rien à côté de l'impression de paix majestueuse que l'on éprouve. C'est le paysage qui m'a fait le plus profondément tressaillir. D'ailleurs, les flancs des montagnes sont couverts de sites sacrés. Je voudrais pouvoir vous envoyer un des magnifiques lotus que nous avons cueillis, et que je regarde s'épanouir.

C'est bientôt l'époque du fameux pèlerinage d'Haramok à la grotte d'Anwarnath, demeure de Shiva. On raconte que douze mille Yoguis y disparurent. Il paraît qu'elle mène à Bénarès, en douze mois de marche. Mais les fauves y habitent, et personne n'a encore tenté le voyage. Les Hindous et les Bouddhistes arrivent de loin et de près. Ils se réunissent ici pour se mettre en route. Tous les soirs nous rencontrons des barques chargées de Yoguis, nus et frottés de cendre, avec de l'étoupe jaune sur les cheveux. Mlle B., qui est sortie ce matin, les a vus danser. L'autre soir, nous en avons croisé un qui passait en barque, et dont l'air pensif et doux, le regard profond, et l'imposante beauté, inspiraient le respect. Mais le lendemain nous le vîmes qui dansait comme les autres, et notre impression fut gâtée.

* * *

Me revoici sur le fleuve avec une température presque aussi pénible qu'à Adyar. J'ai une tente pour moi et une pour Francis, et si le dieu des tempêtes ne nous envoie pas un peu de fraîcheur, nous allons grimper un peu ; mais ce sera terriblement inconfortable.

Nous sommes parties mercredi matin. En passant, nous avons visité à Pandicthan, l'ancienne capitale, un charmant petit temple d'Asoka, entouré d'eau, et surtout, ce que j'ai apprécié par-dessus ses autres beautés, dans un *bois de saules!* Ici, où l'on finit par aimer la brume, la pluie et les ténèbres, une ombre fraîche et légère est le plus grand bienfait du ciel. Nous avons pris le thé sous des chenars, et en regardant la saulaie : ce fut un régal sans suite. Avant-hier nous avons voyagé depuis l'aube, nous arrêtant quatre ou cinq heures vers le milieu du jour. Hier soir, après avoir passé la plupart des heures chaudes sous un feuillage qui, du moins, nous protégeait les yeux (car la réverbération est encore pire que le soleil même) nous sommes descendues visiter Arankipura. C'est une ville ancienne qui gît ensevelie dans le sable. Grâce à M. Chatterjee un beau portique a été mis au jour. Les autres décombres sont proprement rangés en petits tas, ou encore incrustés dans la terre, comme au forum. On vient de trouver des bouts de parchemins écrits, et il ne serait pas étonnant qu'un de ces quatre matins on fit une découverte palpitante. Faute d'argent les travaux s'arrêtent ou se ralentissent. Cependant la quantité de bosses sablonneuses disséminées sur le rivage indique clairement qu'il y a des décombres. H. P. B. a dit que les découvertes de la science lui donneraient raison ; et je me demande si Arankipura ne va pas y contribuer.

L'orage a éclaté hier soir avec furie. Nous étions à un endroit ravissant, dont je ne peux pas saisir le nom, au milieu d'un bouquet d'arbres, et en face d'un petit temple dont les marches descendaient jusque dans la rivière. Les Hindous y venaient faire leurs ablutions, et on appelait à la prière avec des clochettes et des trompettes à la voix aiguë. Malheureusement, l'orage avait accru le courant, et on ne pouvait pas le vaincre. De plus, un radeau, ou plusieurs radeaux, chargés de bois, avaient été mis en pièces, et la circulation sur l'eau a été interrompue par une avalanche de troncs d'arbres. J'étais si contente de ne pas voir le soleil, que j'ai tout lâché pour me promener un peu à la fraîcheur relative des nuages. Ce fut un régal, une volupté ! Comment pouvez-vous ne pas l'apprécier ? Elle dura peu. Le soleil reparut, et on nous fit démarrer vers midi. Nous sommes maintenant accrochées à un village, près d'Islamabad, le dernier où les bateaux arrivent. Demain nous nous entendrons avec le voiturier et les coolies pour les excursions.

IX

Dal Lake.

Dal Lake est un endroit fait pour la méditation et le rêve. Il ne ressemble pas aux lacs
italiens si riants et si habités. S'il y a des
villages au flanc des montagnes, ils sont
cachés dans les bois, et c'est à peine si, de
loin en loin, on aperçoit un toit de châlet qui
miroite. Pas de bateaux à vapeur : les quelques house-boats accrochés aux rives se
perdent dans la distance : tout semble solitaire. Sur l'eau, autour de nous, des vergers
flottants surgissent pareils à des îles. Nous
flottons sur une forêt sous-marine, que nous
distinguons à travers l'eau transparente. Les
feuilles des lotus forment de larges nappes,
que la barque fend en passant. Ils vont bientôt

fleurir roses, mauves, jaunes, blancs et ce sera, dit-on, comme une féerie. Hélas! ces belles feuilles luisantes produisent par millions les moustiques ! Je n'en ai jamais vu d'aussi formidables essaims. Ils sont encore jeunes et faibles ; ils nous enveloppent, sans nous faire grand mal. Mais dans quelques jours, il faudra leur céder la place. Si nous sortons, la barque en est noire comme nous. On les respire, on les avale. Ils font partie intégrante de l'atmosphère. Ils rendent la vie intolérable. Ils nous forcent à tenir les fenêtres closes, et je vous écris dehors, sous l'arbre et sur une table branlante. Quant aux mouches, je ne vous en parle pas : c'est la plaie du Cachemire.

Mais nous avons les jardins de Jehangir ! Avant-hier, les bateliers nous ont menées à Shalimar. J'ai failli avoir des convulsions de joie, en me trouvant dans une sorte de Généralife silencieux et désert. Les longs bassins étaient à sec, mais bordés d'une profusion de roses immenses qui avaient envahi le petit portique de marbre noir où Jehangir et sa favorite venaient jouir du paysage. Hier nous sommes allées à Nichat Bagh, autre retraite de ces sybarites. C'était dimanche et fête musulmane. Les Anglaises prenaient le thé, et les mahométans priaient et chantaient sur l'herbe. Les eaux jouaient et, sauf les costumes, on aurait pu se croire dans un coin du parc de Versailles.

X

Ganderbal, juillet 1913.

Je voudrais bien savoir, ma chère amie,
quelle est la lettre, ma lettre « admirable »
qui a remonté Mme d'A.? Je n'ai aucun souvenir
de mes belles paroles ; mais si elles ont été
utiles, je suis très heureuse de les avoir écrites.
Quant à Mme d'A., sûrement elle n'a pas
cherché comme il faut, comme il est dit dans
la *Voix du silence* et dans la *Lumière sur le
Sentier*. Quand on cherche, on trouve infailli-
blement. C'est une affaire de temps, et la première chose est de ne pas perdre patience :
vous le savez bien. J'ai eu l'immense avantage
de jouir d'Adyar et du recueillement forcé de
ma villégiature fluviale. Mais même seul dans
un désert, sans l'aide d'aucun être vivant on

arrive à comprendre. Si Mme d'A. ne trouve pas, conseillez-lui de chercher plus profondément en elle-même. Si je puis faire quelque chose pour elle, dites-le-moi. Je m'attends certainement à des *bas* ; mais pour le moment je me sens déborder de bonheur. Si je ne chantais pas faux, je chanterais toute la journée. C'est renversant : je finirai par aimer mes sœurs les mouches et mes frères les moustiques !

XI

Nous sommes arrivées ici d'Islamabad, après une heure de tonga, par un jour gris. On nous avait dit que le bungalow n'était pas meublé, et nous avons amené une armée de coolies avec tentes, lits, ustensiles de cuisine, vaisselle, etc., et le bungalow est un des meilleurs que je connaisse. On n'y donne que la chambre (8 aunas par jour), une grande belle chambre, bien blanchie, avec plafond de bois blanc, très propre. Malheureusement on n'y a droit qu'à vingt-quatre heures de gîte, si un autre voyageur se présente. Atchibal est ravissant. C'était un des refuges favoris de Jehangir qui s'était planté, au milieu des sources, un délicieux jardin, aujour-

d'hui bien négligé. Il y a des gens qui y
habitent dans des kiosques. Nous y avons
passé notre première journée. Le jardinier
nous a donné des pêches exquises. Nous rencontrons à chaque instant des pèlerins qui se
rendent à une grotte de glace, très haut dans
la montagne. Hier, comme je lisais tranquille-
ment une histoire du Kashmir, dans le pavillon
de Jehangir, je me suis vue entourée d'une
troupe de pèlerines qui m'ont fait une foule
de questions que, bien entendu, je ne com-
prenais pas. Enfin, par l'intermédiaire de
Francis, nous avons pu « causer ». Elles
étaient en route depuis quinze jours, et en
avaient encore sept ou huit à faire avant d'arriver au but de leur voyage. Puis il leur
faudra revenir. Il y en avait parmi elles
quelques-unes qui venaient de beaucoup plus
loin, et voyageaient ainsi depuis des mois. Une
vieille femme est tombée et s'est blessée à la
jambe. L'idée de lâcher les autres ne lui est
même pas venue : elle continue sa route clo-

pin-clopant. Elles font ce pèlerinage par pure
dévotion, m'ont-elles dit, et ne vont rien demander.

Je suis encore en train de jouir de ce délicieux Atchibal que Jehangir m'avait préparé.
L'air y est si doux qu'on est bercé toute la
journée, et qu'on dort la nuit à poings fermés.
Cependant je n'ai pas voulu renoncer à mon
excursion de Vernag, que j'ai faite seule,
Mlle B... étant chez des amis. Je suis donc
partie mercredi, à 4 heures, en *dandi*, avec
Francis comme cavalier. On nous avait dit
qu'il y avait deux bungalows, et nous n'avons
pas emporté ma tente. Le *dandi* est une
espèce de berceau en grosse toile avec siège
et dossier. Quatre hommes le portent et deux
de rechange marchent derrière. On peut y
ouvrir une ombrelle, et les deux premières
heures ne seraient pas désagréables si les
effluves des coolies ne les empestaient pas.

Au bout de deux heures, on a vaguement mal; au bout de trois, le frottement des épaules cuit; et au bout de quatre, on se demande si la tonga ne vaudrait pas mieux. C'est une simple illusion, puisque dans le dandi on a deux heures d'agrément, et une de vague malaise, tandis que dans la tonga on est malheureux de la première à la dernière minute.

On nous avait dit qu'il y avait deux heures de marche; mais à 4 heures et demie nous n'étions pas arrivés. Le chemin est épouvantable : ornières, précipices, rochers, etc. etc. Francis a préféré descendre de sa monture et grimper à pied. Craignant le soleil, je m'étais refusée à partir plus tôt; mais quand je me suis vue dans ces précipices, j'aurais voulu arrêter la marche d'un astre dont le plongeon me fait pourtant si grand plaisir. Par bonheur, le clair de lune était merveilleux, sans quoi mes porteurs et moi nous nous serions cassé le cou. Vers 9 heures enfin, nous arrivâmes à une toute petite maison close, isolée dans le bois, ou qui semblait telle. Deux hommes accroupis se levèrent à mon approche, mais sans ouvrir. Je demandai le portier (choukidar). Ils m'indiquèrent par signes qu'il était loin. Nous n'avions pas d'autre lumière que celle de la lune filtrée par les pins. Je n'avais pas dîné. Francis n'était pas arrivé. Je ne savais pas parler, et il n'y avait personne pour ouvrir la porte. Enfin Francis arrive ; et presque aussitôt le coolie de la lanterne. Mais ce fut pire, car les hommes dirent à Francis que cette maison n'était pas destinée aux voyageurs, que c'était celle de l'inspecteur, que d'ailleurs le portier était parti ; mais qu'il y avait deux autres bungalows où nous pourrions coucher. Et nous repartîmes derrière leurs ombres. Et savez-vous où ils me menèrent ? Au pavillon du Sérail qui fut, certes, un asile ravissant jadis, mais dont tous les grillages sont aujourd'hui brisés, de sorte qu'il est ouvert aux quatre vents, sans même un lambeau pour servir de rideau. Les escaliers ont été saccagés, et il faut se livrer à une rude gymnastique pour y parvenir. J'ai refusé de m'y installer (j'avais heureusement apporté mon lit) ; et alors ils m'en ont proposé un autre, aussi délabré, mais qui donnait sur la cascade. J'allais revenir au premier, mais Francis eut l'idée d'envoyer un coolie à la recherche du choukidar. Pendant ce temps je dînai, assise sur un pliant, au milieu d'un cercle de colis et de coolies, et toujours au clair de lune. Enfin la Providence m'envoya le choukidar qui m'ouvrit immédiatement la chambre de l'inspecteur où je me précipitai avec reconnaissance. Il y avait dedans un lit propre, une table, une chaise et une bicyclette. Et le lendemain, vers 6 heures j'allai faire connaissance avec la source d'eau bleue que Jehangir aimait. Vernag est beaucoup plus frais, plus enfoncé dans la montagne qu'Atchibal. C'est le lieu sacré où Shiva a fait surgir le fleuve. Je lui devais un pèlerinage. L'eau est exquise et comparable seulement à un certain puits de Grenade.

J'ai déjà commandé ma tonga pour rappliquer à mon bateau après-demain. J'ai encore quelques cavernes à visiter. Mon séjour à Atchibal m'a fait le plus grand bien, et j'en ai la plus profonde reconnaissance à Jehangir. Comme j'y resterais volontiers, si mon sort n'était pas de toujours marcher, que je le veuille ou non !

Ne vous tourmentez donc pas à mon sujet : la Providence veille sur moi, et soyez bien certaine que rien ne m'arrivera sans Son ordre, et que tout sera toujours pour mon bien. Voyez combien d'attentions Elle a eues déjà pour mon humble personne : je fais un voyage merveilleux que je n'ai même pas eu la peine de préparer. C'est M. Blech qui a pris celle de m'en tracer l'itinéraire. J'ai voyagé avec Mme Blech, et, en plus de l'incomparable agrément de sa société, j'ai joui de toutes les facilités préparées pour elle. A moins de venir avec Mlle Aimée, personne n'aurait ce que j'ai eu. C'est Mlle Bermond qui s'est démenée pour avoir tous les renseignements nécessaires à notre expédition cachemirienne. Nous sommes ici sous la protection de Chatterjee, qui est un grand personnage; et nous profitons de sa conversation et de son savoir, ce qui n'est pas un mince avantage. Sur notre route, et partout où nous allons, nous trouvons des « frères » blancs, dorés ou noirs qui se mettent en dix, avec le plus aimable dévouement, pour nous épargner tout souci. Et je pourrais douter de la Providence? Sa sollicitude s'est même étendue, ou abaissée, jusqu'au raccommodage de mes bas. Ils n'étaient plus qu'un trou, avec quelques fils autour, et je considérais le petit tas qu'ils faisaient en me sentant rougir de honte sous l'œil astral de votre mère. J'avais dit à Francis de chercher une femme pour les raccommoder. Il n'en avait pas trouvé, et je m'étais déjà résignée à le faire; lorsque Francis me dit : « Madame, moi je le ferai ». Brave garçon ! Alors, humblement, le front baissé, je lui tendis la boîte à ouvrage : celle des délicieux chocolats de M. B.... Mes bas sont en état. Si l'on était difficile, on y trouverait, je crois, à redire ; mais moi, sachant que je ne ferais pas mieux, je les ai acceptés avec reconnaissance.

XII

Je viens d'avoir, à Amristar, ma plus belle impression d'Orient. Ce temple d'or reflété dans la nappe d'eau, les pavés de marbre, les grosses lanternes byzantines, et une foule pittoresque et colorée, comme on peut à peine se l'imaginer, c'était la Venise triomphale des beaux jours, qu'on ne voit plus que dans les vieilles peintures ; la Venise des turbans éclatants et des draperies miroitantes. Je ne sais pas avec quoi on teint ici les étoffes pour leur donner une telle intensité de ton. Dans cette foule qui s'ablutionnait ou allait faire ses dévotions, on n'apercevait pas le moindre bout de noir : les peaux étaient ce que l'on voyait de plus foncé, et encore étaient-elles dorées et reluisantes. Entre les arcades, les pigeons volent comme à Saint-Marc ; et près du temple, se dressent, comme devant Saint-Marc, les piliers pour les bannières. Et par derrière les coupoles, le ciel est de velours abricot changeant. Hélas ! cette splendeur ne dure pas ! Une usine chasse sur ces belles choses une fumée noire qui se mêle à celle des lampes qu'on commence à allumer. Il y a aussi une certaine tour de l'horloge, horrible gothiquerie en briques noirâtres, qui ferait mieux de se refléter dans la Tamise.

Nous avons voulu revoir Amristar et son temple au clair de lune. Mais la lune venait à peine de se lever et ne pouvait pas lutter contre tant de fumée. Ce fut lamentable : on eût dit une nuit de brume en temps de carnaval. Quel changement ! Et pourtant, rien n'était changé... que l'éclairage. Les rues rappellent beaucoup certains quartiers de Venise.

*
* *

En Europe, on croit que voyager seule, pour une femme, est une prouesse. Ici, il n'y a rien de plus facile. Les employés de gare sont d'une politesse et d'une complaisance au-dessus de tout éloge. Les Anglais qui, chez eux, sont plutôt cassants, ici fondent comme du sucre au soleil indien dès qu'ils aperçoivent une dame en peine. Et, quant aux « natifs », c'est triste à dire, mais il suffit de crier pour se faire servir au doigt, sinon à l'*œil*.

A Delhi j'avais pris le train avec l'intention de me rendre directement à Ajmer. Mais le contrôleur des billets me fit remarquer que je perdrais beaucoup à ne pas m'arrêter à Jaipur, parce que c'était une ville des plus curieuses. J'ai donc été prise de remords, et j'ai rougi de ma paresse devant cette marque de sollicitude de la Providence qui me servait ainsi des cailles toutes rôties que je ne sollicitais même pas. J'ai donc appelé Francis et lui ai dit qu'au lieu de descendre du train à 8 heures et demie, nous en descendrions à 4 heures du matin. Ainsi fut fait. A la gare, je fus happée par trois individus, dont chacun me vantait son hôtel en dénigrant ceux des autres. « Madame, tous les Européens descendent à mon hôtel. » — « Madame, il vous trompe honteusement, son hôtel est un trou où ne vont que les « natifs. » Et tous me demandaient 7 roupies, lorsque l'un d'eux, pour me décider, m'offrit de me prendre pour 6. Les autres ne voulurent pas rester en arrière ; et ce fut alors une course assourdissante au rabais, égayée d'invectives réciproques. « Laisse donc Madame, tu n'es qu'un voleur ! » « Et toi un menteur ! » Nous descendîmes jusqu'à 3 roupies, voiture comprise. Il y en eut même un qui m'offrit 2 roupies 8, et je crois qu'il serait arrivé à 2 ; mais ce bon marché m'effraya, et je préférai celui qui s'en tint à 3, rien que pour la journée, car je comptais repartir le soir.

Mon hôtel s'appelait *Kaiser Kind*. Mais j'ai regretté de n'avoir pas choisi le *Jaipur hôtel,* car ici j'ai vu des attestations de voyageurs disant qu'ils n'avaient rien vu dans toute l'Inde de plus propre et de meilleur. J'aurais voulu voir cette merveille. Cependant le mien passait pour avoir un cuisinier exceptionnel. Un couple français, qui faisait le tour du monde en voyage de noces d'argent, m'a dit qu'on y mangeait mieux que partout ailleurs. Je ne puis en dire autant aux végétariens. Il est vrai que lorsqu'on se dit végétarien, on croit que c'est par mortification, et on vous supprime tout assaisonnement et toute variété.

J'ai visité le musée à Albert Hall.

Le bâtiment est moderne, mais beau. On y voit de tout : estampes de Raphaël et de Michel-Ange, gravures d'après Rembrandt : panneaux Dieulafoy ; et l'Acropole, et l'Alhambra. Il y a une collection de Bouddhas et de dieux hindous ; des émaux, des pierreries et une curieuse collection de statuettes en terre coloriées, représentant non seulement les mœurs et les métiers hindous, mais jusqu'aux crimes et aux faits divers célèbres. Une espèce de musée Grévin en petit. Si on avait le temps de l'examiner en détail, on connaîtrait, par le menu, l'Inde et ses secrets. Déjà, à Lahore, j'avais vu quelque chose de ce genre, mais pas aussi complet. On voit les habitations malsaines, les tortures des ascètes, les exercices des hathayoguis, les meurtres et leurs châtiments. On avait ouvert le musée exprès pour moi, car c'était dimanche. Malgré cela j'ai passé rapidement : la chaleur était accablante. Mais le charme de Jaipur est la ville même, le bazar. Figurez-vous que les rues sont larges, *propres* et admirablement pavées : les boulevards parisiens ne les dégotent pas ! Les maisons, ajourées et sculptées, sont toutes peintes de la même couleur de fraise, avec des ornements blancs qui semblent des guipures. Les tréteaux des marchands sont proprement alignés sur la chaussée. On ne voit, on ne sent ni saleté ni misère. Et la foule grouillante, parée des couleurs les plus inimaginablement éclatantes, semble porter une lanterne ou un soleil sous les turbans et les saris. Vous ne pouvez pas concevoir la violence de ces oranges, de ces bleus, de ces écarlates et de ces roses ! Et l'ensemble est harmonieux. Dans les cases du bazar, on n'aperçoit ni fumée, ni graillon : rien que le flamboiement d'étoffes invraisemblables de couleurs, à facettes et à reflets. Les fruits et les légumes eux-mêmes ont l'air d'être émaillés. Les amoncellements de babouches brodées rayonnent comme des astres. Les teinturiers sèchent leurs étoffes en les promenant dans les rues, déployées au vent comme des bannières. Des voitures de toute sorte ; des chameaux et des éléphants se croisent : c'est amusant à l'œil et reposant à l'odorat, car c'est à peine si quelques légères bouffées de bouse de vache brûlée rappellent les odeurs locales, et on pourrait même dire qu'à si petite dose, c'est du parfum. Bref, j'ai été enchantée de Jaipur, et j'ai envoyé plus d'une pensée attendric à celui que la Providence avait chargé de me rappeler à mon devoir.

Udaipur, qu'on m'avait tant vanté, m'a désillusionnée d'abord parce qu'il n'a pas répondu à l'image que je m'en étais créée. Mais dès que je suis parvenue à me débarrasser de mes idées préconçues, j'ai admiré de toutes mes forces. J'ai aussi eu le tort de jeter mon premier coup d'œil sous le grand soleil, lorsque je ne pouvais même pas enlever mes lunettes vertes. Les palais blancs — hélas trop blancs, car ils sont blanchis à la chaux ! — se reflétaient dans un lac d'indigo, qui me donnait plutôt l'impression du lac Majeur que de Venise, en mille fois plus intense. Mais il faut les voir au coucher du soleil, lorsque cette chaux infâme perd sa couleur cadavérique, et que les marbres et les pierres deviennent pareils à du vieil ivoire, ou prennent la transparence dorée de l'ambre. Alors c'est réellement fantastique et imposant. J'y ai passé près d'une heure en contemplation. Il y avait

des moments si solennels, si imposants, que
je me sentais frémir de la tête aux pieds. Lorsque le voile d'indigo de la nuit fut tombé, on
aurait cru que, dans le silence, — le grand
silence, car il n'y avait pas une barque — les
pierres allaient parler. J'ai fait beaucoup d'é-
tudes comparées des crépuscules : ceux d'ici
sont saisissants, enivrants comme une drogue :
on boit le ciel. Mais il faut venir aux Indes
pour comprendre ces choses et pour savoir
ce que c'est que la couleur ; et il n'est pas étonnant qu'en ce pays on vieillisse vite et qu'on
s'use en un clin d'œil. C'est trop fort, et traître
parce que trop doux. Il y a un an que nous
nous sommes quittées, et dans ces douze mois
j'ai vécu tant de vies ! Que de changements
de décor, Seigneur ! C'est avec une grande
joie que je compte d'abord vous retrouver, et
ensuite me plonger dans les demi-teintes, au
moins pour quelque temps.

XIII

Adyar, novembre 1913.

Nous voici donc rentrées à Adyar! et j'en suis bien heureuse. Ne comptez pas sur moi cependant pour la causerie dont vous me parlez. J'en suis incapable. Tout le monde n'est pas conférencier ni « causeur »; et on n'est tenu qu'à travailler avec les instruments dont on dispose. Mais j'écrirai tout ce qu'on voudra, et dès mon retour je me mettrai au livre. Je voudrais bien savoir quelle idée émise par moi vous a permis de faire du bien à quelqu'un? Parce que si je connaissais cet enfant de mon cerveau, je pourrais l'employer à mon tour.

* *

Quelle semaine, ma chère! Quelle semaine!

Conférences presque tous les jours à Madras.
Je n'y suis allée que deux fois : pour la couleur (ou contre le préjugé de la couleur), et
pour l'abolition des castes. La première a mis
les Anglais en fureur. La seconde a été applau-
die des Hindous, malgré quelques égratignures
aux Brahmanes. Le samedi, il y a eu grand
thé musical, et on a vu, à cette occasion, le hall
transformé comme par un coup de baguette.
Plus de grosses lanternes ni de bancs : des
canapés, des fauteuils en jonc, des tables, des
plantes, et, au plafond, des globes électriques
rouges, et des jardinières de cuivre garnies
de fougères. A la porte, des domestiques en
livrée. J'ai sorti du coup ma perruque et mes
plumes, et autres vains hochets qui n'avaient
pas encore quitté leur boîte ; et j'ai constaté
combien mes cheveux, (ceux de ma tête), ont
blanchi. Adyar devient mondain. Les sandales
tendent à disparaître ; les cordonniers font for-
tune ; et, si cela continue, M. Leadbeater viendra en habit pour la classe du soir. Que les

temps sont changés ! Mais puisque vous aimez l'élégance, cette nouvelle vous fera plaisir.

Je vais à présent m'occuper uniquement de prendre des notes pour le livre, en plus de mon travail au « Theosophist ». Aujourd'hui j'ai fait, (fort mal d'ailleurs), des paquets de brochures, ficelés et étiquetés. Vous avez raison de dire que ce n'est pas très intéressant ; mais il faut les faire quand même ; et si je n'aide pas un peu, un autre sera surchargé. Sans compter que si chacun croit ses articles plus utiles que d'autres besognes, il n'y aura personne pour faire marcher les bureaux. Savez-vous qu'outre le *Theosophist* on imprime ici cinq ou six autres journaux ? Le chef de l'imprimerie est un vieux brahmane. Tout le monde met la main à la pâte, même à la pâte d'amidon, comme j'ai fait ce matin. Tous travaillent de 8 heures à 11 heures et de 2 heures à 5 heures. Moi seule je ne fais que deux heures le matin, et mon excuse est que *je ne peux pas* faire plus.

L'après-midi je prends aussi une heure de repos extra, pour la même raison ; et encore je suis toute démolie. Vous verrez que j'ai vieilli de dix ans. Aussi je compte avancer mon départ. J'irai vous attendre ou vous rejoindre où vous voudrez. San Girolamo me plairait beaucoup ; mais M. K. m'assure qu'il fera encore trop froid sur la colline de Fiesole. Capri me plaît aussi. Croyez-vous que je pourrais y avoir un bon lit ? Je vous avoue que j'aspire à un vrai lit, depuis plus d'un an que je couche sur des tresses tendues ! Dites-moi si vous pensez que ce luxe soit dans les choses possibles, afin que je ne me berce pas de ce rêve s'il ne devait pas se réaliser.

Les Vice-rois sont venus à Madras. Le beau monde d'ici est allé les voir, et Mme Besant, dans tous ses atours, s'est rendue à la soirée et leur a été présentée. Vous m'en voudrez de ne pas vous décrire sa robe; mais j'en suis à peu près incapable. C'était du satin blanc à traîne, avec une tunique de gaze brodée d'or, à ce que je crois. En tout cas elle faisait (Mme Besant) un très bel effet.

Comme menues nouvelles d'Adyar, le major Peacoke s'est retiré de l'épicerie : il s'occupe des éventails électriques. Il n'a pas cependant complètement abandonné sa boutique; mais il ne vend plus personnellement le riz, et se borne à faire les commandes et à vérifier les comptes. Il est de ceux qui sont allés chez le vice-roi, et pour cette occasion il a remplacé sa blouse de travail par un superbe uniforme.

Hier soir la causerie a roulé toute une heure sur l'attitude théosophique, la première chose qu'on devrait avoir, et la dernière qu'on a, si on l'a. L'attitude théosophique consiste à ne pas se décourager, ni se ronger, ni se faire des idées noires, quoi qu'il arrive ; car tout est pour le mieux. Il faut absolument repousser tout chagrin et ne pas se déprimer, la plupart du temps pour des choses qui ne se réalisent pas. M. Leadbeater dit que rien n'est plus opposé au progrès que la tristesse, et je suis fermement résolue, à mon retour, à propager activement ces idées. Ah ! que de choses je veux faire à mon retour, à Paris et à ce Guatemala, envers lequel je me sens maintenant des devoirs.

J'espère que vous me trouverez détachée, mais certainement pas autant que je le désire : c'est le seul véritable bonheur. Pourquoi cela vous ferait-il de la peine ? On ne peut pas vivre pour l'âme *et* pour le corps : l'un doit être asservi à l'autre. C'est une vérité vieille comme le monde, et qui ne va pas changer pour moi.

Je passe des semaines sans me regarder dans mon unique petit miroir. Je me coiffe au

hasard et m'habille de même. Èt cela m'est
égal. Je pense avec effroi au moment où il
faudra faire des frais. Et pour un rien, je par-
tirais dans la jungle!

ÉVREUX
IMPRIMERIE CHARLES HÉRISSEY
P. HÉRISSEY, SUCCESSEUR